Invokationen für Anfänger

die Anrufung einer Gottheit –
ein Fundament der Magie

für Naropa

Inhaltsverzeichnis

I Was ist eine Invokation?

Ein Invokation ist ganz schlicht die (meist vorübergehende) Identifikation mit einer Gottheit. Das Wort „Invokation" bedeutet „Hereinrufen". Man ruft also eine Gottheit in sich selber hinein, mit der man sich dann identifiziert.

Das klingt ein wenig nach absichtlich herbeigeführtem Größenwahn, aber das konkrete Erlebnis bei einer Invokation ist doch etwas deutlich anderes als Größenwahn.

Jedes Gebet an eine Gottheit, jeder Talisman, der einer Gottheit geweiht ist, jede Meditation über eine Gottheit, jedes Vertrauen in eine Gottheit ist eine kleine Invokation, ein Schritt auf dem Weg zur Invokation: Man nähert sich einer Gottheit an und sucht nach einer Verbindung zu ihr.

Invokationen finden sich in allen Religionen, auch wenn die Methoden für das Erreichen der „innigen Verbundenheit mit einer Gottheit" verschieden sind:

> In dem christlichen Jesuiten-Orden liest jeder Mönch täglich gemäß den Anweisungen des Ordensgründers Igantius von Loyola im Neuen Testament. Dabei nimmt der Mönch jedoch nicht die Haltung eines außenstehenden Beobachters ein, sondern stets die Position Christi: Er liest und erlebt jede Situation aus Christi Sicht. Dadurch erfüllt und identifiziert er sich zunehmend mit Christus.

> In der jüdischen Mystik strebt man nach der Identifikation mit Jahve oder mit Adam Kadmon, der der vollkommene, mit Gott verbundene Mensch ist. Ein wichtiges Element dabei ist das Verstehen und die Meditation.

> Im Islam und in der islamischen Mystik (Sufismus) wird diese Identifkation vor allem durch die Liebe zu Allah erlangt.

> Im Hinduismus gibt es eine große Vielzahl von Meditationen, Ritualen und Kulten, um diese Verbundenheit mit einer Gottheit zu erlangen.

> Im Buddhismus werden Mandalas, Meditationen und Rituale benutzt, um nach und nach wie Buddha zu werden.

Auch in den weniger bekannten, kleineren Religionen gibt es Invokationen, auch wenn sie dort seltener zu sein scheinen.

Die Invokation ist vor allem ein Element der monotheistischen Religionen: Gott ist die Quelle der Welt, der König ist der Lenker des Reiches, das Ich ist das Zentrum des Menschen, die Wahrheit ist der Kern der Philosophie – im

Weltbild des Monotheismus gibt es immer eine ursprüngliche Einheit, von der die Vielfalt der Schöpfung ausgeht. Daher beruht jede Form der Selbsterkenntnis und jede Form des Selbstausdrucks auf der Rückkehr zu diesem ursprünglichen Zentrum – und letztlich somit auf der Rückkehr zu Gott, zu der Invokation von Gott, in der Einheit mit Gott.

Das Herbeirufen einer Gottheit stammt noch aus dem Schamanismus: Eine der Hauptaufgaben der Schamanen war und ist es, die Geister der Verstorbenen zu ihren noch lebenden Nachkommen zu rufen, damit sie ihnen mit Rat und Hilfe beistehen. In der frühen Jungsteinzeit (10.500-8.500v.Chr.) wurden die Ahnen-Geister in ihre Totenschädel gerufen; in der mittleren Jungsteinzeit (8.500-5.000v.Chr.) dann in ihren Totenschädel, der mit Lehm überzogen und zu einem möglichst lebensechten Portraitkopf des Toten plastiziert wurde; und danach (5000-3250v.Chr.) dann schließlich in eine steinerne Statue des Toten. Diese drei jungsteinzeitlichen Phasen waren nicht scharf voneinander abgegrenzt, sondern gingen fließend ineinander über.

Die Statuen waren offensichtlich so etwas wie ein „Zweitkörper" für die Seele des Toten, der sich nach und nach aus dem Totenschädel des Toten entwickelt hat.

Als sich dann im Laufe der Jungsteinzeit das Urbild der Mutter, verschiedene mythologische Motive sowie einige Ahnen zu Gottheiten weiterentwickelten, fertigte man auch Statuen als Zweitkörper für diese Gottheiten an.

Zunächst einmal waren diese Statuen einfach ein geformtes Stück Holz, Ton oder Stein. Erst dadurch, daß der Schamane den Geist des Toten bzw. die Gottheit in eine Statue hereinrief, wurde dieses geformte Stück Holz, Ton oder Stein zu einer „bewohnten Statue".

In verschiedenen Formen der Magie identifizierte sich der Magier schon in der Altsteinzeit mit anderen Wesen – am längsten läßt sich die Identifikation mit dem Panther durch die Jäger zurückverfolgen, die so effektiv wie ein Panther jagen können wollten. Die ältesten Invokationen waren also Tier-Invokationen.

Es hat nahegelegen, diese Tier-Invokationen mit dem Hereinrufen der Ahnen und Gottheiten in ihre Statuen zu verbinden: Auf diese Weise entstand das Hereinrufen eines Ahnen in den eigenen Körper (Familienaufstellungen) oder einer Gottheit in den eigenen Körper (Invokation).

Das Verfahren, das heute als „systemische Familienaufstellungen" bekannt ist, stammt von südafrikanischen Schamanen, die mit dieser Invokations-Variante Kontakt mit den Ahnen aufnehmen.

Das Prinzip der Identifikation ist auch heute noch weit verbreitet: Fast jeder Jugendliche hat ein Vorbild, ein Ideal, von dem er ein Poster an seiner Zimmerwand hängen hat …

Die erfolgreiche, dauerhafte Invokation wird in vielen Religionen auf dieselbe Weise beschrieben: Der Mensch wird zu einem Kind der betreffenden Gottheit. Diese

Invokation und diese ständige Verbindung findet sich bei Yogis, Heiligen, Religionsgründern, Königen usw.

Dieses „Kind einer Gottheit"-Motiv findet sich z.B. bei dem altägyptischen Pharao, der sich „Sohn der Sonne" nannte, bei dem chinesische Kaiser, der als „Sohn des Himmels" bezeichnet wurde, bei dem Inka (König der Qetchua-Indianer), der als „Sohn der Sonne" angesprochen wurde, bei Christus, der als „Sohn Gottes" bekannt ist usw.

Auf dem Weg zu der erfolgreichen Invokation mit einer Gottheit finden sich oft mehrere Schritte, die aufeinander aufbauen:

> 5. Stufe: Einheit mit dem einen Gott
> 4. Stufe: Invokation einer Gottheit
> 3. Stufe: Erleben der eigenen Seele
> 2. Stufe: Erleben des Krafttiers, der Kraftpflanze und des Kraftsteins
> 1. Stufe: Wachbewußtsein, Körperbewußtsein

Diese fünf Stufen sind eine allmähliche Ausweitung des eigenen Bewußtseins auf immer umfassendere Bereiche.

Diese fünf Stufen entsprechen der „Mittleren Säule" aus der Kabbala. Von ihr ist eine Meditation abgeleitet, die „Übung der Mittleren Säule" heißt und die die Kurzform einer umfassenden Invokation ist. Sie wird später noch näher beschrieben.

II Der Nutzen der Invokation einer Gottheit

Eine Invokation scheint den bisherigen Beschreibungen zufolge etwas recht Außergewöhnliches und Anstrengendes zu sein – zumindestens, wenn man es gezielt, systematisch und mit großen Engagement betreibt und sich nicht nur ein Poster des eigenen Jugend-Idols an die Wand heftet. Daher stellt sich die berechtigte Frage nach dem Nutzen einer solchen Invokation.

Nun – wenn die Invokation das ist, was sie zu sein verspricht, vereint sich das eigene Wachbewußtsein mit dem Bewußtsein einer Gottheit und folglich auch mit den Wahrnehmungs- und Handlungsmöglichkeiten einer Gottheit. Da die Möglichkeiten einer Gottheit weit über die Möglichkeiten eines Menschen hinausgehen, erweitert man durch eine Invokation auch die eigenen Möglichkeiten.

Dabei kann man davon ausgehen, daß das Erlebnis dieser Erweiterung an sich recht einheitlich sein wird, daß die konkreten Erlebnisse jedoch sehr stark von der jeweils angerufenen Gottheit abhängen werden. Je nach dem speziellen Anliegen, das man gerade hat, wird man also verschiedene Gottheiten invozieren. Diese Erweiterung der eigenen Möglichkeiten durch eine Invokation lassen aus der eigenen „gewöhnlichen Magie" eine „außergewöhnliche Magie" werden.

Das größte Geschenk einer Invokation ist jedoch das Erlebnis der Auflösung der Grenzen des eigenen Bewußtseins: Eine Gottheit hat einen klar umrissenen Charakter, aber keine Grenzen – sie ist überall gleichzeitig. In diesem Zustand kann man u.a. auch durch eine Invokation gelangen.

Naturgemäß kann man zwar mit Worten auf dieses Erlebnis hinweisen und man kann auch die einzelnen Schritte schildern, durch die man dorthin gelangen kann – aber das Erlebnis selber kann man nicht durch Worte so beschreiben, daß man es erleben kann. Das Erlebnis muß man selber erfahren – erst dann kann man wirklich verstehen, was mit den Worten, die es beschreiben, gemeint ist.

Es lohnt sich.

III   Die Wahl der Gottheit

Welche Gottheit sollte man invozieren? In aller Regel stellt sich diese Frage nicht wirklich.

Meistens hat man ein konkretes Ziel, das man mithilfe von Magie erreichen will – dann ergibt sich die invozierte Gottheit aus diesem Ziel.

Oder man hat seit jeher eine Neigung zu einer bestimmten Gottheit – zu einer Gottheit, die einen ähnlichen Charakter wie man selber hat … Mit einiger Wahrscheinlichkeit wird dies die eigene Schutzgottheit sein, also die Gottheit, von deren „Meer" die eigene Seele ein „Tropfen" ist.

In dem Fall, daß man sich entschlossen hat, die eigene Schutzgottheit zu invozieren, kann man sich fragen, ob der Mensch die Gottheit gewählt hat oder nicht eher die Gottheit den Menschen gewählt hat. Wahrscheinlich kommt man der Realität am nächsten, wenn man davon ausgeht, daß sich beide gegenseitig gewählt haben.

Natürlich kann ein Mensch in seinem Leben nicht nur eine einzige Gottheit invozieren. Ein engagierter Magier oder eine neugierige Hexe wird viele Möglichkeiten ausprobieren und dabei vieles erleben – aber in aller Regel kommt man nach und nach dann doch zu der eigenen Schutzgottheit zurück und invoziert diese am häufigsten, da sie naturgemäß am besten dem eigenen Charakter entspricht und man sich bei ihr folglich am meisten zuhause fühlt und diese Gottheit über genau die Eigenschaften und Fähigkeiten verfügt, nach denen man selber sucht.

Es gibt also durchaus eine freie Wahl der Gottheit, aber in Wirklichkeit ist dieses Wählen eine schrittweise Annäherung an das, was bereits da ist: die Verbindung zu der eigenen Schutzgottheit.

IV Das Kennenlernen der Gottheit

Der erste Schritt einer Invokation ist in der Regel das Kennenlernen der Gottheit. Man kann eine Invokation natürlich auch nur auf dem Namen einer Gottheit aufbauen und sie einfach mal in sich hineinrufen, aber dieses Abenteuer-orientierte Vorgehen wird eher selten vorkommen – vielleicht bei einem Magier mit einer Uranus/Neptun-Konjunktion am Aszendenten, die ein Sextil zum Pluto hat …

IV 1. Studium

Um eine Gottheit invozieren zu könne, muß man erst einmal wissen, daß es sie überhaupt gibt – das wird in den meisten Fällen dadurch geschehen, daß man etwas über sie liest. Wenn man dadurch neugierig geworden ist, wird man wahrscheinlich nach weiteren Texten über sie suchen und vermutlich auch nach alten Hymnen an sie, nach überlieferten Mythen, nach Erwähnungen von ihr in Sagen usw. Wenn man Glück hat, gibt es auch ein Buch über sie, in dem bereits alle bekannten Texte über sie gesammelt worden sind.

Möglicherweise gibt es auch Bilder von der Gottheit – am besten aus der Zeit, in der sie noch in einer Kultur allgemein verehrt worden ist. Evtl. lassen sich auch Statuen der Gottheit finden oder sogar ganze Tempel. Wenn einem die Gottheit sehr wichtig ist, plant man vielleicht sogar seinen Urlaub so, daß man einen Tempel dieser Gottheit besichtigen kann. Manchmal kann man jedoch alte Statuen der Gottheit auch schon in dem Völkerkundemuseum der nächsten Großstadt finden.

Wenn man besonders gründlich sein will, kann man auch versuchen, die Geschichte dieser Gottheit zu rekonstruieren – auch Gottheiten haben eine Biographie und verändern sich im Laufe der Zeit.

Ein wichtiger und aufschlußreicher Aspekt ist auch die Verbindung der ausgewählten Gottheit zu anderen Gottheiten, also letztlich die gesamte Mythologie, von der diese Gottheit ein Teil ist. Man kann eine Gottheit immer nur als Teil eines größeren Ganzen verstehen …

Ein sehr wichtiges Element beim Kennenlernen einer Gottheit sind auch Gespräche mit anderen Menschen, die bereits Erlebnisse mit der betreffenden Gottheit gehabt haben.

IV 2. Traumreisen

Neben der eben beschriebenen „normalen Methode", um Kenntnisse zu einem Thema zu erlangen, gibt es auch noch die „direkte Methode" der Traumreise.

Bei der Traumreise befindet man sich in einem Bewußtseinszustand, in dem das Wachbewußtsein mit dem Traumzustand, d.h. mit dem Unterbewußtsein koordiniert und integriert worden ist. Dadurch ist man wachbewußt in seinem Unterbewußtsein und kann wach und gezielt „träumen" – daher der Begriff „Traumreise".

Dieser Zustand ist allgemein bekannt, aber bisher nicht fest als normale Handlungsmöglichkeit in unsere Kultur eingefügt worden: Es ist der Zustand am Morgen direkt nach dem Erwachen, wenn man noch fünf Sekunden weiterträumt und der Traum noch seine Eigendynamik beibehält – oder der Zustand, wenn man auf der Eisenbahnfahrt einen lebhaften Tagtraum gehabt hat und wieder den Sand unter den Füßen bei seinem Strandurlaub gespürt hat.

Die Traumreise hat einen großen Vorteil: Die Telepathie sind die „Augen" des Unterbewußtseins – so wie die Telekinese die „Hand" des Unterbewußtseins ist. Daher ist es auf einer Traumreise sehr viel einfacher als im Wachzustand, auf telepathische Weise Informationen einzuholen.

Auf einer Traumreise kann man nicht nur erforschen, was sich in der eigenen Psyche befindet, sondern per Telepathie auch die Heilwirkung einer Pflanze, den Ort, an dem sich der verlorene Haustürschlüssel befindet, oder eben den Charakter einer Gottheit.

Auf einer Traumreise kann man zu einer Gottheit reisen und sich mit ihr unterhalten oder sie um Rat und Hilfe bitten. Dabei ist durchaus auch die Gottheit selber aktiv und sagt und tut manchmal Dinge, mit denen man überhaupt nicht gerechnet hat. Möglicherweise ist die Gottheit auch der Meinung, daß für ihren Besucher ganz andere Dinge wichtig sind als die, die der Besucher gerade für wichtig hält … Traumreisen, auf denen nichts geschieht, womit man überhaupt nicht gerechnet hat, sind ausgesprochen selten.

Durch Traumreisen wird nicht nur das Wissen über eine Gottheit erweitert, sondern es entsteht auch ein persönlicher Kontakt zu der Gottheit – die Gottheit wird auf eine Weise real, die durch ein bloßes Studium niemals bewirkt werden kann. Es ist einfach etwas anderes, sich mit einer Gottheit „live" zu unterhalten als nur etwas über sie zu lesen …

IV 3. Kunst

Je nachdem, wie man selber veranlagt ist, bekommt man evtl. den Impuls, die Gottheit zu malen.

Vielleicht dichtet man auch ein paar Verse über sie oder eine Hymne an sie oder schreibt selber eine Mythe über sie.

Falls man mehr der „Hand-Typ" ist, könnte man auch eine Statue der Gottheit plastizieren, aus Ton oder Plastilin formen, aus Speckstein oder Holz schnitzen, aus Bronze gießen oder sogar aus Stein schlagen, schleifen und polieren.

Möglicherweise ist man auch eher ein Musiker und komponiert ein Lied oder eine kleine Sonate für die Gottheit. Evtl. wird man auch Musik improvisieren – z.B. auf einer Panflöte für Pan spielen, auf einer Leier für Apollo, auf einer Harfe für Bragi oder Dagda oder auf einer Trommel für die Erdgöttin.

Eine weitere Möglichkeit ist der Tanz. Es gibt überlieferte Tänze an Gottheiten wie den indischen Tempeltanz an Shiva, die thailändischen Buddha-Tänze, die afrikanischen und indianischen Sonnentänze, die vielen Kriegstänze bei verschiedenen Völkern usw.

Als Architekt kommt man evtl. auf die Idee, ein Modell eines Tempels für diese Gottheit zu bauen oder einen Steinkreis anzulegen, in dem dann anschließend diese Gottheit verehrt wird.

Schließlich gibt es auch noch die Möglichkeit des Schauspiels, das die Mythen der Gottheit darstellt – was sich schon sehr den Mysterienspiele nahekommt.

Den künstlerischen Möglichkeiten einer Annäherung an eine Gottheit sind kaum Grenzen gesetzt.

IV 4. Kabbala

In der Kabbala gibt es das Symbol des Lebensbaumes, der eine Struktur darstellt, die in allen Dingen in der Welt enthalten ist und von der sich u.a. auch die Tarotkarten ableiten.

Auf diesem Lebensbaum kriecht eine Schlange empor, die den Weg vom Alltags-Bewußtsein zu Gott darstellt und somit auch das Kennenlernen einer Gottheit verkörpert. Dieser Weg wird im Tarot durch die „Großen Arkana" von der „Welt" bis zum „Narren" dargestellt. Dies ist der „Weg der Erkenntnis". Diese „Schlange der Weisheit" ist auch die Kundalini. Diese Schlange ist eine Helferin bei der Invokation.

Ein zweites Symbol auf dem Lebensbaum ist der Blitzstrahl der Schöpfung, der den Weg von Gott zur alltäglichen Welt darstellt. Dieser Weg wird im Tarot durch die „Kleinen Arkana" dargestellt – von den vier „1"-Karten bis hin zu den vier „10"-Karten. Dies ist der „Weg der Schöpfung".

Ein drittes Symbol auf dem Lebensbaum ist die „Mittlere Säule", die die fünf wesentlichen Ebenen darstellt: den Körper, das Krafttier, die Seele, die Schutzgottheit und Gott.

Man muß nicht die Kabbala kennen, um eine Gottheit invozieren zu können, aber der kabbalistische Lebensbaum kann einem helfen, eine Orientierung über die Vorgänge bei der Invokation zu erlangen.

V Die Verbindung zu der Gottheit

Nachdem man nun durch das Studium einen Überblick über die traditionellen Vorstellungen über die ausgewählte Gottheit erlangt hat und anschließend durch Traumreisen, künstlerische Darstellungen u.ä. ein persönliches Verhältnis zu der Gottheit aufgebaut hat, kann man nun die Verbindung zu der Gottheit weiter ausbauen und verstärken.

Hier gibt es wieder eine Vielfalt von Möglichkeiten.

V 1. Mantra und Chant

Die einfachste Methode ist die Benutzung des Namens der Gottheit als Mantra. Die einfachste Variante der Benutzung eines Mantras ist wiederum das innerliche Sprechen des Gottesnamens einmal beim Einatmen und einmal beim Ausatmen.

Eine Ergänzung dazu wäre es, sich beim Einatmen (und dem innerlichen Sprechen des Namens) vorzustellen, Lebenskraft einzuatmen und zum Herzchakra zu lenken. Beim Ausatmen (und dem innerlichen Sprechen des Namens) stellt man sich dann vor, daß die Lebenskraft in dem Herzchakra aufleuchtet. Dies kann man als Meditation durchführen, aber auch während des Gehens, Fahrradfahrens, Arbeitens usw.

Eine andere Ergänzung zu dem einfachen Mantra wäre eine Melodie zu dem Namen, den man dabei evtl. mehrfach spricht. Für einige Gottheiten gibt es in der Überlieferung solche Melodie-Mantras.

Das innerlich gesungene Mantra leitet dann schon zu dem auch äußerlich gesungenen Mantra über. Es ist besonders effektiv, solch ein Mantra gemeinsam in einer Gruppe zu singen („chanten").

Es ist am wirkungsvollsten und daher auch am sinnvollsten, dieses Singen in einem meditativen Rahmen durchzuführen, aber es gibt auch die Möglichkeit, solch ein gesprochenes oder gesungenes Mantra innerlich bei allem, was man tut, mitlaufen zu lassen und es dabei evtl. auch äußerlich zu sprechen oder zu singen. Das innerliche Mitlaufenlassen kann man in jeder Situation tun, aber wenn man z.B. Verkäuferin in einer Bäckerei ist, sollte man aufpassen, wo und wann das äußerliche Singen des Mantras paßt und wann nicht …

V 2. Tempel und Kult

Ein täglicher oder zumindestens regelmäßiger Kult in einem richtigen Tempel der ausgewählten Gottheit ist nur in wenigen Fällen möglich – hierzulande vor allem, wenn diese Gottheit Christus, Maria, Allah oder evtl. noch Jahve ist.

Man kann allerdings durchaus in seinen eigenen vier Wänden einen Altar aufbauen und evtl. auch eine Meditationsecke einrichten. Wenn man genügend verdient, kann man sich auch ein ganzes Zimmer als Tempel einrichten.

Falls man einige Gleichgesinnte kennt, besteht auch die Möglichkeit, sich gemeinsam ein solches Tempel-Zimmer zu leisten. Dies ist natürlich im Zusammenhang mit einer Sekte, einem Magier-Orden, einem Hexen-Coven oder einer sonstigen magischen oder religiösen Gemeinschaft am einfachsten.

Evtl. kann man auch eine Lichtung im Wald oder einen ähnlichen Ort in der Nähe der eigenen Wohnung für seine Rituale auswählen. Für den Alltagsgebrauch ist jedoch ein kleiner „Meditations-Teppich" im eigenen Wohnzimmer als „Tempel" am praktischsten.

Auch der Kult muß nicht unbedingt sehr aufwändig sein – man kann auch mit dem Entzünden eines Räucherstäbchens vor der Statue einer Gottheit beginnen.

Mit „Kult" ist letztlich gemeint, daß man der eigenen Invokation einer Gottheit eine äußere Form gibt, also einen für diesen Zweck reservierten Ort, eine Götter-Statue, ein paar Räucherstäbchen, eine Vase für Blumen u.ä. – eben das, was man früher „Hausaltar" genannt hat.

Wenn man nach dem passenden Ort für diesen Hausaltar sucht, braucht man sich nur umzuschauen, wo der Fernseher oder der Breitwandbildschirm steht – er hat in fast allen Haushalten den früheren Platz des Hausaltars übernommen …

V 3.   Imagination

Das wichtigste Hilfsmittel bei der Invokation ist die Imagination, d.h. die Erschaffung eines möglichst lebendigen, farbigen und dreidimensionalen inneren Bildes der Gottheit. Auch hier gibt es wieder verschiedene Ansatzmöglichkeiten.

- Man kann ein Bild der Gottheit betrachten, dann die Augen schließen und sich dieses Bild in Erinnerung rufen.

- Man kann eine Statue der Gottheit betrachten, dann die Augen schließen und dieses Bild innerlich wieder wachrufen.

- Man kann anhand der Bilder und Statuen, die man kennt, selber ein Bild der Gottheit malen oder eine Statue der Gottheit formen. Das kann das anschließende Imaginieren der Gestalt der Gottheit deutlich erleichtern.

- Man kann Traumreisen zu der Gottheit unternehmen und sie dann betrachten – ihr Gesicht, ihre Mimik, ihre Gestalt, ihre Kleidung, ihre Symbole, ihre Gestik, den Klang ihrer Stimme, ihren Charakter, der sich in ihrem Gesicht widerspiegelt usw.
   Dadurch, daß man dieses innere Bild der Gottheit betrachtet, entsteht in einem ein Erinnerungs-Bild der Gottheit, das man dann in den meisten Fällen auch außerhalb der Traumreise recht einfach imaginieren kann.

- Man kann das Imaginieren der Gottheit in drei Stufen üben:

   - zunächst die Gottheit auf einer Traumreise sehen,

   - dann die Gottheit außerhalb einer Traumreise mit geschlossenen Augen imaginieren,

   - und schließlich die Gottheit mit offenen Augen imaginieren, also an einem Ort in dem Raum, in dem man sich befindet.

Im Idealfall hat man mit offenen Augen den Eindruck, daß die betreffende Gottheit vor einem im Raum steht – in der Konssitenz „dichter Dämpfe". Wenn man dann der Gottheit in die Augen schaut und spürt, daß man auch von ihr angeschaut wird, dann ist die Imagination richtig lebendig geworden.
   Um erfolgreich eine Invokation durchführen zu können, ist eine solch intensive

Imagination zwar sehr hilfreich, aber nicht unbedingt nötig.

Es ist sinnvoll zu prüfen, auf welche Weise man selber die Imagination am einfachsten lernen kann:

    - durch die Imagination eines Symbols,
    - durch die Imagination von Symbolen, Engeln u.ä. in einem Ritual,
    - durch Traumreisen,
    - durch die Betrachtung einer Götterstatue,
    - durch die Imagination einer Gottheit während des gemeinsamen Chantens eines Liedes an diese Gottheit
    usw.

Es gibt fast immer eine Methode, die einem deutlich leichter fällt als alle anderen Methoden – dies scheint in den meisten Fällen die Traumreise zu sein.

V 4. Nutzung

So wie ein Muskel kräftiger wird, wenn man ihn benutzt, so wird auch die Verbindung zu einer Gottheit stärker, wenn man sie benutzt – zudem lernt man dabei die Gottheit immer besser kennen und wird dadurch auch vertrauter mit ihr.

- Dieses „Nutzen der Gottheit" können gelegentliche Bitten an sie sein, die von dem Wunsch nach einem Parkplatz in der von Autos überfüllten Stadt bis hin zu dem Wunsch nach einer Beziehung und der Heilung von einer schweren Krankheit reichen können. Man kann ruhig nach allem fragen, auch wenn es den Mythen der Gottheit zufolge nicht in dem Zuständigkeitsbereich liegt. Man wird sehen, was kommt …

- Gespräche mit der Gottheit sind ebenfalls sehr förderlich. Damit sind nicht unbedingt Gespräche auf einer Traumreise gemeint, sondern auch Fragen nebenher, während man in der U-Bahn sitzt. Man kann zunächst einmal nach allem fragen und dann schauen, was man als Antwort erhält. Auf diese Weise lernt man die Gottheit und ihre Ansichten und Fähigkeiten immer besser kennen.

- Schließlich kann man die Gottheit auch bitten, in kritischen Situationen im eigenen Bewußtsein als warnende Intuition zu erscheinen – also in Situationen, in denen man etwas Wesentliches übersieht, in denen man dabei ist, etwas zu tun, was man später bereuen würde, in denen man eine Gefahr nicht erkennt usw.

Gottheiten melden sich nur sehr selten von sich aus zu Wort – vermutlich, weil sie die persönliche Freiheit der Menschen achten. Wenn man jedoch sozusagen ein Kooperations-Abkommen mit ihnen schließt und ihnen sagt, wann man sich über ein eigenständiges Eingreifen von ihnen freuen würde, öffnet man ein Tor, durch das dann reichlich Rat und Hilfe von der betreffenden Gottheit zu einem fließen kann.

Da man mit großer Wahrscheinlichkeit nur dann einen intensiveren Kontakt zu einer Gottheit sucht, wenn man einen ähnlichen Charakter wie diese Gottheit hat (die evtl. sogar die eigene Schutzgottheit ist), will man selber und diese Gottheit weitestgehend dasselbe. Dadurch, das man ein Kooperations-Abkommen mit der Gottheit schließt, erlaubt man der Gottheit, in dem Leben des Magiers das zu tun, was sie sowieso dort am liebsten tun würde.

Man zieht am selben Strick, man geht in dieselbe Richtung …

Dies sind drei Ansatzpunkte für die Nutzung der Verbindung mit der Gottheit, aber es gibt natürlich noch viele weitere Varianten und Schattierungen dieses Nutzens, das vom einfachen Gebet bis hin zu den Wundertaten von Christus, einigen Heiligen, manchen Yogis und anderen Magie-Spezialisten reicht.

V 5. Bewußtseins-Übertragung

Eine sehr einfache und zugleich sehr effektive Methode des Kennenlernens kann man auf einer Traumreise ausprobieren: das Wechseln mit dem eigenen Bewußtsein in eine Gottheit hinein. Man kann dies auch als „Invokation auf einer Traumreise" ansehen.

Das Verfahren ist sehr einfach: Wenn man die Gottheit vor sich sieht, fragt man sie, ob es ihr recht wäre, wenn man mit seinem eigenen Bewußtsein in sie hinüberwechselt. Wenn die Gottheit zustimmt, macht man das dann – man geht sozusagen in die Gottheit hinein.

Man kann sich dann aus der Gottheiten-Perspektive auch verschiedene Mythen dieser Gottheiten ansehen – der Kreativität sind dabei keine Grenzen gesetzt. Oftmals werden die Mythen durch dieses „Erleben aus der Sicht der Gottheit" auch viel greifbarer und verständlicher.

V 6. Nabelschnur

Evtl. ist es förderlich, eine Nabelschnur von sich selber zu der Gottheit zu imaginieren. Die Nabelschnur ist das Urbild der Verbindung zu einem anderen Wesen.

Man kann diese Nabelschnur selber imaginieren oder die Gottheit bitten, sie zu erschaffen. Sie verläuft oft vom eigenen Nabel zu dem Nabel des Gottes bzw. zu dem Schoß der Göttin.

Man sollte einfach mal schauen, wie sich solch eine Nabelschnur für einen selber anfühlt, und dann entscheiden, ob man diese Imgaination ausbauen und in anderen Zusammenhängen benutzen will – z.B. dann, wenn man die Gottheit ruft, wenn man Hilfe von ihr braucht, wenn man ein an sie gerichtetes Ritual durchführt usw.

Auch hier gilt wie fast überall in der Magie, daß es zwar allgemeine Regeln gibt, aber daß man jede Regel in dem eigenen Stil anwenden sollte, damit man die Regel effektiv nutzen kann.

V 7.   Das Horoskop

Wie im gesamten „normalen Leben" wirkt das eigene Horoskop auch in der Magie überall mit. Das Horoskop kann helfen, den eigenen Stil zu erfassen und auch zu sehen, wie man am sinnvollsten bei einer Invokation vorgeht. Das Folgende sind nur ein paar kurze Anregungen, da eine vollständige astrologische Beschreibung der verschiedenen Ansätze eine Invokation durchzuführen, ein ganzes Buch füllen würde.
Am prägendsten ist der Aszendent:

- <u>Widder-Aszendent</u>:   Die Invokation wird spontan durchgeführt, wenn man gerade Lust dazu hat oder wenn die Umstände es erfordern. Lange Vorbereitungen werden vermieden.

- <u>Stier-Aszendent</u>:   Die Sache muß greifbar sein, man muß den Nutzen sehen können, man will die Gottheit anfassen können und sucht daher nach einer Statue von ihr. Es wäre von Vorteil, wenn es sich um eine Gottheit des Genießen handeln würde.

- <u>Zwillinge-Aszendent</u>:   Man probiert einfach mal verschiedene Methoden aus und guckt, was dabei passiert. Jedesmal denselben Weg zu gehen, ist eher langweilig und uneffektiv – das Neue erhöht die Konzentration und daher auch die Effektivität.

- <u>Krebs-Aszendent</u>:   Man kann nur eine Gottheit invozieren, die man als zu der eigenen Verwandtschaft gehörig empfindet. Man nähert sich ihr allmählich an und schaut, wieviel Vertrauen man zu ihr hat, und bestimmt dadurch, welche Distanz man zu ihr braucht und wieviel Nähe man zulassen kann.

- <u>Löwe-Aszendent</u>:   Man macht es so, wie man es gerade will – und es ist wichtig, daß es eine Gottheit ist, die die Individualität, die Egozentrik, den Willen und die Selbstverwirklichung fördert.

- <u>Jungfrau-Aszendent</u>:   Die Gottheit wird in allen Details genauestens erforscht, die Invokation präzise geplant und alle Eventualitäten bereits zuvor durchdacht. Es sollte zudem eine Gottheit der Ordnung sein.

- <u>Waage-Aszendent</u>:   Der harmonische Gesamteindruck ist wichtig, die Schönheit der Texte, das Ebenmaß der Statue, der einheitliche Stil des Tempels usw. Auch Musik wäre förderlich. Es werden Gottheiten der Schönheit und Richtigkeit vorgezogen. Die Invokation ist das Herstellen der Harmonie mit einer Gottheit, ein Gespräch und eine Freundschaft mit ihr.

- Skorpion-Aszendent: Invokationen werden als Ekstase-Vorgang aufgefaßt – es wird eine Steigerung angestrebt, die die alten Formen auflöst und neue Formen erschafft. Götter des Tanzes und des Rausches werden vorgezogen.

- Schütze-Aszendent: Die Invokation gelingt am besten, wenn mit ihr ein großes Ziel angestrebt wird – die Gottheit ist der Helfer auf dem Weg zu diesem Ziel.

- Steinbock-Aszendent: Man vertraut einem Invokations-Text nur, wenn er alt und erprobt ist und wenn seine Echtheit beglaubigt worden ist. Man schaut, wer auf dem Gebiet der Invokationen die größte Autorität ist und richtet sich dann nach dessen Anweisungen.

- Wassermann-Aszendent: Man sieht eine Gottheit immer vor dem Hintergrund der gesamten Mythologie – und man sieht eine Gottheit als ein Bild innerhalb eines Großen Ganzen an, um das es eigentlich geht. Die Gottheit ist sozusagen ein Buchstabe in der Weltformel, die man letztlich erfassen will – wozu man zunächst einmal den „Buchstaben" dieser Gottheit zu verstehen versucht.

- Fische-Aszendent: Man fühlt sich in die Gottheit hinein, man öffnet sich ihr und schwingt mit ihr. Das Wichtige ist, daß man sich von ihr angezogen fühlt – wenn der „Wind der Gottheit" in die Richtung weht, in der man mit seinem Segelschiff fahren will, öffnet man sich ihr.

Die Prägung durch den Aszendenten wird durch die Planeten im 1. Haus, das mit dem Aszendenten beginnt, ergänzt:

- Mond im 1. Haus: Für den Mond sind die Bilder und Stimmungen der Gottheit das Wichtigste.
Es werden mütterliche Gottheiten vorgezogen.

- Merkur im 1. Haus: Für den Merkur sind die Anrufungen und die Mythen das Wichtigste.
Es werden Weisheits-Gottheiten und listige Gottheiten vorgezogen.

- <u>Venus im 1. Haus</u>: Für Venus ist die Zuneigung, die Liebe zu der Gottheit das Wichtigste.

Es werden erotische Gottheiten vorgezogen.

- <u>Sonne im 1. Haus</u>: Für die Sonne ist die Verbindung mit einem größeren Strahlen, das sich mit dem eigenen Strahlen vereint, das Wichtigste.

Es werden Gottheiten vorgezogen, die das Zentrum einer Mythologie bilden.

- <u>Mars im 1. Haus</u>: Für den Mars sind die Handlungen in der Invokation das Wichtigste.

Es werden kriegerische Ekstase-Gottheiten vorgezogen.

- <u>Jupiter im 1. Haus</u>: Für den Jupiter ist die klare Ausrichtung und das widerspruchsfreie Ziel das Wichtigste.

Es werden Götterväter, Gottheiten des Reichtums u.ä. vorgezogen.

- <u>Saturn im 1. Haus</u>: Für den Saturn ist die klare, eindeutige Form des Rituals und des Vorgehens das Wichtigste.

Es werden Urgottheiten vorgezogen.

- <u>Uranus im 1. Haus</u>: Für den Uranus ist die Spontanität das Wichtigste – und daß es etwas Neues gibt.

Es werden Gottheiten der Erfindungen und des Chaos vorgezogen.

- <u>Neptun im 1. Haus</u>: Für den Neptun ist das grenzauflösende Einfühlen das Wichtigste.

Es werden Gottheiten der Weite wie z.B. Meeresgötter vorgezogen.

- <u>Pluto im 1. Haus</u>: Für den Pluto ist die Intensität sowohl der Motivation als auch der Durchführung und des Erlebnisses das Wichtigste.

Es werden Gottheiten der Unterwelt und der Verwandlung vorgezogen.

VI Die Invokation der Gottheit

Im Prinzip ist eine Invokation sehr einfach: Man stellt sich die Gottheit möglichst plastisch und farbig ein paar Schritte vor sich im Raum vor und geht dann an diesen Ort und identifiziert sich dort mit der Gottheit.

Da dies jedoch ein meistens ungewohnter Vorgang ist, sind dazu viele Hilfsmittel und Varianten entwickelt worden.

Man kann eine Invokation ganz schlicht durchführen, indem man nur das Allernötigste tut: Die Gottheit imaginieren, dann zu ihr gehen und sich mit diesem Bild der Gottheit identifizieren.

Man kann aus der Invokation jedoch auch ein Ritual machen, das diese Imagination der Gottheit und die Identifikation mit ihr einfacher macht. Das Folgende ist eine Auswahl von Hilfsmitteln. Welche und wieviele dieser Hilfsmittel man sinnvoll verwenden sollte, kann man nicht generell sagen – das ist für jeden wieder anders. Es daher sinnvoll, mit einer einfachen Variante anzufangen und diese dann schrittweise auszubauen und zu schauen, was bei einem selber gut funktioniert und was nicht.

Es gibt auch eine allgemeine Dynamik: Meistens beginnt man mit einer einfachen Ritual-Variante, die dann nach und nach immer komplexer wird, aber nach einiger Zeit dann wieder schlichter wird, bis man schließlich für die Invokation gar kein Ritual mehr braucht.

Ein Ritual ist eine Imaginations- und Konzentrationshilfe und als solche zwar sehr nützlich, aber nicht zwingend notwendig.

Anfangs würden zuviele Details eher verwirren, aber mit der Zeit kann man im Ritual sozusagen ein Gesamtbild der Gottheit erschaffen. Wenn dieses Bild in einem selber lebendig geworden ist, reichen schließlich auch kleine Hinweise auf die verschiedenen Aspekte der Gottheit. Wenn man dann mit der Gottheit vertraut geworden ist, braucht man immer weniger Hilfsmittel – bis man schließlich solch eine Invokation auch durchführen kann, während man im Supermarkt in der Schlange an der Kasse steht – niemand merkt etwas von dem, was man da innerlich macht.

VI 1.   Der Ort des Rituals

VI 1. a)   Der Ort

Für manche Invokationen gibt es besonders gut passende Orte. Wenn man einen solchen Ort in erreichbarer Nähe hat, sollte man einmal an diesem Ort eine Invokation der Gottheit, zu der dieser Ort paßt, ausprobieren. Solche Orte können recht verschieden sein:

- eine Schwitzhütte für die Muttergöttin,
- ein Steinkreis für einen Sonnengott,
- eine Insel für eine Jenseitsgottheit,
- ein Berg für einen Göttervater,
- die Küste für einen Meeresgott,
- ein Wald für Wildnis-Gottheiten
- ein Friedhof für Gottheiten der Verwandlung,
- eine Höhle für eine Unterweltsgottheit,
- eine Kirche für Christus,
- eine Moschee für Allah,
- ein indischer Tempel für eine hinduistische Gottheit,
  usw.

VI 1. b)   Der Raum

Man kann auch den Raum, in dem man die Invokation durchführen will, vor der Invokation entsprechend der Gottheit dekorieren:

- mit weiteren Bildern und Statuen der Gottheit,
- mit Tüchern in einer Farbe, die zu der Gottheit passen,
- mit Bildern von Gottheiten, die in den Mythen der ausgewählten Gottheit vorkommen,
- einem Teppich, der den „geweihten Ort" symbolisiert,
  usw.

VI 2. Die Ritual-Kleidung

VI 2. a) Die Kleidung

Man kann sich auch auf eine besondere Weise kleiden. Die einfachste Variante sind ein Hemd und eine Hose bzw. ein Kleid, die man nur bei Ritualen trägt. Das ist durchaus eine nicht zu unterschätzende Konzentrationshilfe.

Man kann sich auch ein langes Gewand nähen, das man nur bei Ritualen trägt – da sollte man schauen, was sich für einen selber gut anfühlt.

Eine etwas aufwändigere Methode wäre das Herstellen von Kleidern und Symbolen, die zu der Gottheit passen und die man während der Invokation nach und nach anzieht und in die Hand nimmt. Das ist vor allem eine Variante für Menschen, die alle magisch-spirituellen Dinge gerne „greifbar" haben, sowie für Gruppen-Rituale, in denen alles, was sichtbar ist, die Koordination der Konzentration und Imagination in der Gruppe deutlich erleichtert.

VI 2. b) Die Symbole

Man kann zusätzlich zu der „besonderen Kleidung" auch verschiedene Gegenstände während der Invokation benutzen wie z.B. einen Zauberstab, ein Ankh (Lebenskraft-Symbol), eine Flöte, ein Kreuz, ein Kelch usw.

Die Verwendung solcher symbolischer Gegenstände sollte sich ganz nach dem richten, was man selber als hilfreich empfindet. Ein wenig Experimentieren ist hier wie bei den meisten Dingen ausgesprochen hilfreich, denn nichts schafft ein besseres Fundament als die konkrete Erfahrung.

VI 3.   Die Statue

VI 3. a)   Das Räuchern

Ein weit verbreitetes Hilfsmittel ist das Räuchern, das auf das Brandopfer zurück-geht. Die ursprüngliche Vorstellung dabei ist, daß das verbrennende Räucherwerk Lebenskraft freisetzt, die auf die Statue übertragen wird. Daher nannten die Ägypter das Räucherwerk „Se-netjer", d.h. „das, was göttlich macht". Die Lebenskraft in der Statue lädt dann die Gottheit ein, in diese Statue hineinzukommen.

Neben diesem magischen Aspekt des Räucherns gibt es auch noch den Umstand, daß der Geruchssinn im Gegensatz zu den anderen Sinnen an das Kleinhirn und nicht an das Großhirn angeschlossen ist und folglich instinktive Reaktionen hervorruft. Dadurch entstehen bei Gerüchen sofort Assoziationen zu früheren Situationen, in denen man dasselbe gerochen hat. Wenn man folglich bei allen Ritualen oder bei allen Invokationen immer dasselbe räuchert, weckt man in sich schon durch das Räuchern die Erinnerungen an frühere Rituale.

Diese Assoziationen kann man auch noch differenzierter benutzen, indem man für jede Gottheit eine Räuchermischung benutzt, die man ansonsten für nichts anderes verwendet. Auf diese Weise kann man einfach durch das Räuchern eine grundlegende Konzentration auf die Gottheit herstellen.

VI 3. b)   Die Statue

Eine Statue der Gottheit, die vor einem auf einem Podest, einem Tisch o.ä. steht, kann eine große Imaginationshilfe sein. Man kann sich dabei zunächst einmal vorstel-len, daß die Gottheit die Statue als ihren „Zweitkörper" annimmt – die Gottheit befin-det sich dann vor einem in der Statue. In einem zweiten Schritt kann man sich dann vorstellen, wie die Gottheit aus der Statue zu einem selber kommt und einen selber vollständig erfüllt und umhüllt.

Statt einer Statue kann man auch ein Bild der Gottheit benutzen.

Sowohl die Statue als auch das Bild müssen nicht groß sein, aber wenn sie groß sind, sind sie natürlich beeindruckender, was die Imagination erleichtert.

VI 3. c)   Das Schmücken der Statue

Wenn man sich alte Rituale anschaut, die in Tempeln durchgeführt worden sind, sieht man, daß die Statuen wie Menschen behandelt worden sind: Sie wurden morgens gewaschen, geölt und gekleidet, man legte ihnen ihre Kronen, Ketten und Armreifen an, man reichte ihnen Speisen und Getränke und sprach mit ihnen. Diesen Brauch findet man in so unterschiedlichen Kulturen wie bei den alten Ägyptern und den Germanen.

Diese Elemente kann man in eine Invokation mit aufnehmen – sie erleichtern die Imagination, daß in der Statue eine Gottheit anwesend ist.

VI 3. d)   Die Opferung

Die Opferung hat dieselbe Aufgabe wie die Räucherung: Die Lebenskraft, die sich in dem Opfer befindet, wird auf die Statue übertragen. Ursprünglich ist die Lebenskraft aus dem Opfer die Speise für den Totengeist bzw. für die Gottheit in der Statue gewesen.

Anfangs wurden die Opfergaben getötet, verbrannt, zerbrochen oder auf eine andere Weise zerstört, damit sie „tot" waren und folglich in das Jenseits zu dem Ahnengeist gelangen konnten.

Später wurden die Opfergaben lediglich dem Totengeist bzw. der Gottheit in der Statue gereicht, die sich dann die Lebenskraft aus dem Opfer nahm. Anschließend konnten die Speisen und Getränke dann von den Menschen verzehrt werden.

Dasselbe gilt entsprechend auch von Opfergaben, die aus Blumen, Schmuck u.ä. bestanden.

Es ist naheliegend, wenn auch nicht unbedingt notwendig, Opfergaben auszuwählen, die zu der Gottheit passen, die man invozieren will.

VI 4.   Die Anrufung

VI 4. a)   Das Fundament

Man kann sofort mit der Invokation beginnen – man kann das Ritual jedoch auch allmählich zu der Invokation hinleiten. Ein Ritual-Aufbau könnte z.B. wie folgt aussehen:

- Schutz-Ritual für den Ort (Kreis ziehen, Pentagramm-Ritual o.ä.)

- aussprechen, was man vorhat

- in den vier Richtungen das Element anrufen, das zu der Gottheit paßt (evtl. mit den Element-Pentagrammen)

- in den vier Richtungen den Planeten anrufen, das zu der Gottheit paßt (evtl. mit den Planeten-Hexagrammen)

- die Invokation der Gottheit

- Abschluß

VI 4. b)   Die Anrufung

Die Anrufung, also die Worte, die man spricht, sind oft der zentrale Teil einer Anrufung. Man kann sie laut sprechen oder auch nur innerlich. Wenn man zu zweit oder als Gruppe die Invokation durchführt, ist das laute Sprechen sinnvoller, da dann alle wissen, was gerade geschieht. Die Worte der Anrufung beschreiben zum einen die angerufene Gottheit und zum anderen das, was gerade geschieht.

Anfangs wird man es vermutlich vorziehen, bereits existierende Anrufungen zu benutzen, d.h. sie bei der Invokation vorzulesen. Möglicherweise lernt man den Text auch auswendig, um in dem Ritual freier zu sein. Als nächstes wird man dann wahrscheinlich auch selber Anrufungen verfassen, die genauer den eigenen Vorstellungen über die Gottheit entsprechen. Schließlich wird man dazu übergehen, diese Anrufungen zu improvisieren. Zumindestens ist dies eine weitverbreitete Dynamik …

Die Anrufungen haben in der Regel fünf Phasen, die sich deutlich unterscheiden lassen:

1. Phase: Zunächst beschreibt die Anrufung das Aussehen der Gottheit. Dabei werden verschiedene Beinamen der Gottheit verwendet.

In dieser Phase spricht man in der 3. Person über die Gottheit: „Sie ist …"; „Sie heißt …"; „Sie tut …" usw.

Man betrachtet die Gottheit noch distanziert – dies ist die Phase der Imagination.

2. Phase: Nun werden die Verwandtschaftsverhältnisse, die Symbole, die Tempel usw. der Gottheit beschrieben. Dabei spielen vor allem die verschiedenen Verhältnisse der Gottheit zu anderen Gottheiten eine Rolle.

In dieser Phase spricht man in der 2. Person über die Gottheit: „Du bist …"; „Du heißt …"; „Du tust …" usw.

Man spricht mit der Gottheit und stellt eine Verbindung zu ihr her – es findet ein Austausch statt, es fließt Lebenskraft von der Gottheit zu dem Anrufenden, es bildet sich eine Nabelschnur zwischen der Gottheit und dem Invozierenden.

3. Phase: Jetzt werden die früheren Taten und die allgemeinen Ziele der Gottheit beschrieben. Dabei werden insbesondere die Taten und Ziele hervorgehoben, wegen denen man diese Gottheit invozieren will.

In dieser Phase spricht man in der 1. Person über die Gottheit: „Ich bin …"; „Ich heiße …"; „Ich tue …" usw.

Man spricht als die Gottheit – man hat sich mit dem imaginierten Bild der Gottheit vereint und hat sich mit der Gottheit identifiziert.

4. Phase: Der Charakter dieser Phase hängt von dem Grund für die Invokation ab:

- Wenn man einfach die Gottheit erleben will, spürt man nun die Gottheit, spricht als Gottheit, bewegt sich als Gottheit, tanzt als Gottheit – was auch immer einem in diesem Zustand in den Sinn kommt.

- Wenn man einen ganz konkreten Wunsch an die Gottheit gehabt hat wie z.B. eine Heilung, dann wird man nun als Gottheit die betreffende Krankheit heilen – indem man die Krankheit nach und nach schrumpfen läßt, indem man die Krankheit aus dem Körper herausnimmt, indem man den heilen Zustand imaginiert usw.

- Wenn man einen Wunsch hat, der mit den Mythen der Gottheit zusammenhängt, dann wird man nun als Gottheit in diese Mythe eintreten und sie erleben.

Jemand, der Osiris als Schutzgottheit hat, wird wahrscheinlich ständig zyklische, tiefgehende Verwandlungen in seinem Leben erfahren. Der Betreffende könnte dann in die Mythe eintreten, in der Osiris von Seth getötet und von Isis wiedergeboren wird, um diese Mythe und ihre Dynamik und somit auch sein eigenes Leben besser zu verstehen.

5. Phase: Wenn die vorige Phase abgeschlossen ist, gibt es zwei Möglichkeiten:

- Man verläßt schrittweise das Bild der Gottheit, kehrt in sich selber zurück und bedankt sich bei der Gottheit für das Erlebnis.

- Man kann jedoch auch in dem Bild der Gottheit bleiben und diese Verbindung als halbbewußten Hintergrund weiterbestehen lassen. Das ist besonders naheliegend, wenn man die eigene Schutzgottheit angerufen hat, mit der man sowieso ständig über die eigene Seele verbunden ist.

Aber auch dann, wenn man z.B. die Kraft des Ares, das Organisationstalent des Jupiters oder die Verführungskünste des Pan dauerhaft in seinem Leben haben will, kann man die Invokation einfach mit einem schweigenden Nachklingenlassen beenden, ohne die Verbindung wieder aufzulösen.

Der Aufbau des Anrufungstextes ist hier sehr detailliert beschrieben worden, aber nicht in jeder erfolgreichen Invokationen ist solch ein Text benutzt worden. Diese detaillierte Beschreibung hat vor allem den Sinn, das Prinzip der schrittweisen Imagination und Identifikation deutlich zu machen und möglichst viele Hilfsmittel und Vorgehensweisen bei dem Verfassen eines Invokations-Textes zu zeigen.

Es gibt auch die Möglichkeit, eine Gottheit völlig formlos zu invozieren und damit erfolgreich zu sein. Es geht nicht darum, eine möglichst sorgfältig ausgefeilte Anrufung der Gottheit zu verwenden, sondern darum, sich als die Gottheit zu erleben. Um dieses Ziel zu erreichen, sollte man die Methoden verwenden, die für einen selber am besten funktionieren.

VI 4. c) Das Mandala

Ein Mandala ist eine magisch-spirituelle Landkarte. Das einfachste Mandala ist die Aufteilung der Welt in Diesseits, Jenseits und die Jenseitsgrenze. Solche einfachen Mandalas werden oft von den Schamanen auf das Fell ihrer Trommel gemalt – ergänzt durch die Bilder der Wesen und Dinge, die sie auf ihren Jenseitsreisen gesehen haben.

Die etwas komplexeren Mandalas bestehen oft aus mehreren konzentrischen Kreisen und einem Kreuz, das diese Kreise in Viertelkreise aufteilt. Von außen nach innen hin können diese Kreise bzw. Kreisringe z.B. die folgende Bedeutung haben:

- Kreis im Zentrum = Gott, Gottheit
- innerster Kreisring = Gottheiten im Kontinuum
- zweitinnerster Kreisring = Seele im Jenseits (Seelen-Bereich)
- zweitäußerster Kreisring = Krafttier im Bereich der Lebenskraft
- äußerster Kreisring = Körper in der materiellen Welt

Der Weg vom äußersten Kreisring zum inneren Kreis ist somit ein Weg vom Alltagsbewußtsein im materiellen Körper zu einer Gottheit. Das bedeutet, daß der Weg in das Zentrum eines Mandalas hinein auch eine schrittweise Invokation ist (der Weg führt in der folgenden Aufstellung von unten nach oben):

- Kreis im Zentrum = Einheit mit der Gottheit
- innerster Kreisring = Auflösen der Grenze zu der Gottheit
- zweitinnerster Kreisring = Kontakt mit der Gottheit
- zweitäußerster Kreisring = Wahrnehmung der Gottheit
- äußerster Kreisring = Entschluß zu der Invokation

Die vier äußeren konzentrischen Kreise sind in der Regel durch vier Linien in jeweils vier Viertel-Kreisringe unterteilt, sodaß das gesamte Mandala in vier Viertel unterteilt wird. Jedes Viertel entspricht einem der vier Elemente – man kann also mithilfe von jedem der vier Elemente den Weg zu der Gottheit gehen:

- Feuer: mithilfe von Mut, Kraft und Entschlossenheit
- Wasser: mithilfe von Anteilnahme, Hingabe und Liebe
- Luft: mithilfe von Betrachtung, Erkennen und Bejahen
- Erde: mithilfe von Geduld, Wachstum und Gedeihen

Welchen dieser vier Wege man für die Invokation wählt, hängt vom eigenen Charakter an. Tendenziell wird man das Element wählen, das im eigenen Horoskop am häufigsten vorkommt:

- Feuer (Widder, Löwe, Schütze):   Ekstase
- Wasser (Krebs, Skorpion, Fische):   Mitschwingen
- Luft (Waage, Wassermann, Zwillinge):   Klarheit
- Erde (Steinbock, Stier, Jungfrau):   Konzentration

Man braucht für eine Invokation nicht unbedingt ein Mandala, aber ein Mandala kann helfen, die Schritte einer Invokation und den eigenen Stil bei einer Invokation besser zu verstehen.

Die fünf Kreise in dem hier benutzten Mandala entsprechen den fünf Schritten auf der „Mittleren Säule" aus dem kabbalistischen Lebensbaum.

VI 4. d)   Die Gesten der Gottheit

Manche Gottheiten haben spezielle Gesten und Haltungen, die man benutzen kann, um sich mit der betreffenden Gottheit zu identifizieren. Da man dabei mit dem eigenen Körper eine für die Gottheit typische Haltung einnimmt, ist dies eine der stärksten Imaginations-Hilfen.

Solche Gesten und Haltung sind z.B.:

- Shiva: Lotussitz
- Osiris: vor der Brust gekreuzte Arme
- Buddha: die verschiedenen Hand-Haltungen („Mudras")
- Innana: Oberarme im 45°-Winkel seitlich nach unten, Unterarme
                    weisen gerade nach oben, Handflächen nach vorn
- Christus: Kreuzhaltung
   usw.

Solche typischen Haltungen und Gesten gibt es nur bei wenigen Gottheiten.

VI 5.   Musik und Tanz

VI 5. a)   Die Musik

Mit einigen Göttern ist ein bestimmtes Instrument assoziiert. Es liegt daher nahe, dieses Instrument bei der Invokation zu spielen.

- Schilfrohrflöte („Panflöte") - Pan
- Flöte   - Krishna, Athene
- Leier   - Apollo
- Sistrum   - Hathor, Bes
- Harfe   - Bragi, Dagda
- Vina, Sitar   - Saraswati
- Trommel, Rassel   - Hanuman
  usw.

Es gibt auch einige Kompositionen, die sich auf eine bestimmte Gottheit beziehen und die man, wenn man möchte, vor der Invokation abspielen kann. Dazu gehört natürlich auch die Kirchen- und Tempelmusik im weitesten Sinne wie christliche Choräle, chinesische Lobpreisungen der Kuan Yin, westafrikanische Trommel-Lieder an den Donnergott Shango usw.

VI 5. b)   Das Chanten

Das Singen von Liedern, die nur einen kurzen Text haben, der über längere Zeit hin wiederholt wird, wird „Chanten" genannt. Diese Form des Gesangs ist eine sehr wirksame Methode, um eine Spannung aufzubauen und sich in die Konzentration auf eine Gottheit hineinzusteigern.

Insbesondere dann, wenn das Chanten in einer Gruppe durchgeführt wird, ist dies eine sehr effektive Möglichkeit, sowohl den Kontakt zu der Gottheit, auf die sich das Lied bezieht, herzustellen, als auch in veränderte Bewußtseinszustände zu gelangen.

VI 5. c) Der Tanz

Manche Gottheiten wie der indische Shiva, der griechische Pan oder der ägyptische Bes sind auch mit dem Tanz assoziiert worden. Dies sind in der Regel Ekstase-Tänze, die aus dem Schamanismus stammen. Auch die Derwisch-Tänze aus dem Islam gehören zu dieser Form des Tanzes. Durch solche Tänze kann die Konzentration deutlich gesteigert werden.

Eine andere Form des magisch-religösen Tanzes ist der Tempeltanz, durch den eine Gottheit und seine Mythen dargestellt werden. Sie stehen zwischen Kult und Schauspiel und enthalten sowohl pantomimische Elemente als auch Elemente des Ekstase-Tanzes.

Da die Tempeltänze in der Regel eine längere Ausbildung erfordern, sind sie sie in der Regel nicht so gut für eine Invokation geeignet. Allerdings kann man in einer Shiva-Invokation durchaus auch einfach eine Handvoll Schritte, Haltungen und Gesten aus einem Shiva-Tempeltanz benutzen – das kann ausgesprochen kraftvoll sein, auch wenn es kein vollständiger Tempeltanz ist.

Es gibt auch noch einige andere Tänze, die man evtl. in Invokationen verwenden kann wie Sonnentänze, Kriegstänze oder Ahnentänze.

Es wäre wahrscheinlich zu aufwändig und nicht sehr effektiv, solche traditionellen Tänze extra für eine Invokation zu lernen, aber wenn man solche Tänze bereits beherrscht oder Elemente aus ihnen kennt, ist es durchaus hilfreich, sie bei Invokationen zu benutzen.

VI 6. Der Aufbau des Rituals

VI 6. a) Die Dynamik

Jede Gottheit hat ihren ganz eigenen Charakter: Osiris ist still, Thor ist cholerisch, Athene ist kriegerisch, Dagda ist weise, Kuan Yin ist gütig, Orunmila kennt die Zukunft usw. Daher kann man auch die Dynamik einer Invokation entsprechend des Charakters der angerufenen Gottheit gestalten. Das erfordert natürlich ein wenig Übung – anfangs solle man sich daher auf die einfachen Dynamiken wie z.B. auf den eher meditativen Charakter von Buddha und den eher ekstatischen Charakter des Dionysos beschränken.

Wahrscheinlich werden sich allerdings die meisten Menschen anfangs die Gottheit für eine Invokation auswählen, die ihrem eigenen Charakter ähnlich ist – daher wird die Dynamik der Invokation auch ohne besondere Planung mit dem Charakter der invozierten Gottheit übereinstimmen.

VI 6. b) Das Gruppenritual

Das gemeinsame Durchführen einer Invokation ist sehr kraftvoll, wenn die Teilnehmer motiviert und ganz bei der Sache sind und evtl. auch noch ein bißchen Übung haben.

Man kann zwei grundlegend verschiedene Formen der Gruppen-Invokation unterscheiden:

> - Jeder invoziert die Gottheit in sich selber. Dabei fördert man sich gegenseitig dadurch, das alle dasselbe tun – es entsteht ein gemeinsames „Schwingen".

> - Alle rufen die Gottheit gemeinsam in einen Menschen, der dadurch eine Verbindung zu dieser Gottheit erhält. Dabei imaginieren alle, daß der ausgewählt Mensch die Gestalt der Gottheit hat.
> Diese Varianten findet sich vor allem bei Einweihungen aller Art sowie manchmal auch bei magischen Heilungen.

VI 6. c)   Die mythologischen Szenen

In Invokationen können auch Szenen aus den Mythen der ausgewählten Gottheit imaginiert oder dargestellt werden. Dies kann man auch alleine durchführen und dadurch die Kraft der Invokation verstärken.

Man kann solch ein Mythen-Ritual jedoch auch als Gruppe durchführen, wobei dann in der Gruppe jeder eine andere Gottheit imaginiert, die in dieser Mythe auftritt. Solch ein Ritual nähert sich dann schon einem Mysteriendrama und einem Einweihungsritual an. Dadurch, daß mehrere Gottheiten aus einer Mythe gleichzeitig invoziert werden, entsteht ein Spannungsfeld, das durch das Invozieren einer einzelnen Gottheit noch nicht entsteht. Auf diesem Prinzip beruhen u.a. auch die Einweihungsrituale des Golden Dawn.

Wenn man geübt ist, kann man auch alleine solch eine Mehrfach-Invokation durchführen. Dabei stellt man sich dann alle beteiligten Gottheiten an ihren Orten im Raum mit ihren Handlungen vor und nimmt selber die Position der zentralen Gottheit in der betreffenden Mythe ein.

VI 6. d)   Invokation und Evokation

Diese beiden Methoden sind beides Anrufungen eines Totengeistes oder einer Gottheit. Der einzige Unterschied besteht darin, wo man ihn hinruft: bei einer Invokation in sich selber hinein, bei einer Evokation an einen Ort vor sich. Das Rufen einer Gottheit in eine Statue hinein ist also eigentlich eine Evokation.

Die Evokationen haben jedoch einen schlechten Ruf bekommen, weil sie den Missionaren ein Dorn im Auge gewesen sind. Es war früher weltweit üblich, in Notsituationen an das Grab der Eltern zu gehen und sie herbeizurufen und um Rat und Hilfe zu bitten. Das war für die Missionare natürlich ein Problem, denn wenn die Menschen allgemein ihre toten Eltern und vor allem ihren toten Vater um Hilfe baten, brauchten sie den christlichen Gott Vater nicht: Sie hatten ihren eigenen Vater im Himmel und brauchten daher den abstrakten, allgemeinen „Vater im Himmel" nicht.

Also wurde das Beschwören der toten Eltern („Evokation") von den Missionaren mit allen denkbaren Ängsten verknüpft, um den Menschen das Evozieren ihrer toten Eltern zu verleiden. So wurde aus dem toten Vater im Jenseits der Teufel, aus der Jenseitsgöttin des Teufels Großmutter, aus der Grabkammer im Hügelgrab die Hölle („Höhle"), aus dem Bestattungsfeuer das Höllenfeuer, aus dem Hund als Jenseitsbegleiter der Höllenhund usw.

Durch dieses Vorgehen haben die Missionare es schließlich erreicht, daß man auch die Totengeister und das Anrufen von Totengeistern („Totenbeschwörungen", „Evokationen") für die Menschen das Gruseligste überhaupt wurde.

VI 7. Varianten

Es gibt einige Varianten der Invokation, die sich lediglich auf die Vorgehensweise beziehen.

- Man steht und imaginiert die Gottheit vor sich, geht dann an den Ort, an dem sie steht und identifiziert sich mit ihr.

- In Indien und Tibet ist es üblich, die Gottheit (oder den Guru) nicht vor sich, sondern über sich zu imaginieren.

- Man steht und imaginiert die Gottheit in sich selber, wodurch nach und nach die Gottheit in einem selber deutlich sichtbar wird.

- Dasselbe kann man auch im Sitzen durchführen. Im Stehen ist die Invokation eher ein Ritual, im Sitzen eher eine Meditation.

- Man kann sich bequem hinsetzen oder hinlegen und sich die Mythen der Gottheit aus der Sicht dieser Gottheit vorstellen und dabei allmählich die Gestalt der Gottheit annehmen.

- Die eben beschriebene Methode ist der schon dargestellten Traumreise sehr ähnlich, auf der man mit seinem Bewußtsein in die Gottheit hinüberwechselt.

- Schließlich gibt es noch das Gebet an die Gottheit bzw. das Gespräch mit der Gottheit, durch die man sich soweit an die Gottheit annähern kann, daß man schließlich selber die Qualitäten der Gottheiten übernimmt und sich selber nicht mehr als getrennt von der Gottheit erlebt.

Die hier beschriebenen Varianten lassen sich natürlich nicht streng voneinander abgrenzen – es sind lediglich verschiedene Ansatzpunkte, die sich sowohl von ihrer Methode als auch vom Erleben her überschneiden. Das getrennte Aufführen dieser Varianten dient lediglich dazu, deutlich zu machen, wie man sich der Identifizierung mit einer Gottheit, also ihrer Invokation, annähern kann.

Man sollte stets schauen, welcher Ansatz einem am sympathischsten ist und mit diesem Ansatz anfangen und dann weiterschauen, wie man ihn beim nächsten mal evtl. variieren und ergänzen will.

VI 8. Die Übung

Wie bei vielen Dingen, ist Übung und Wiederholung ausgesprochen förderlich. So heißt es in den Schriften des Golden Dawn: „Invoke often!" – „Invoziere oft!"

Invokationen müssen aber auch nicht harte, ausdauernde Arbeit sein. Es ist für viele Menschen vermutlich am einfachsten, zunächst eine Traumreise zu der Gottheit zu unternehmen und sie auf diese Weise direkt zu erleben. Dadurch wird die Gottheit für einen selber „lebendig" und zu einem Teil des eigenen Lebens. Möglicherweise beginnt man auch von ihr zu träumen. Man kann die Gottheit auch auf Traumreisen um Heilung, Rat und Hilfe bitten – wenn man dann auch Rat und Hilfe erhält, muß man sich nicht mehr selber disziplinieren, um regelmäßig die Gottheit zu invozieren.

Falls man Pan angerufen hat und nun deutlich mehr erotische Abenteuer hat als zuvor, wird man vermutlich von sich aus Pan des öfteren anrufen und dadurch einen immer innigeren Kontakt zu ihm bekommen.

Die Invokation ist kein Selbstzweck, sondern ein Werkzeug – und wenn das Werkzeug das eigene Streben deutlich erleichtert, wird man das Werkzeug ohne viel darüber nachzudenken immer wieder verwenden. Die Übung entsteht also durch das Tun – und das Tun geschieht aus dem Verlangen nach den Früchten dieses Tuns heraus.

Diese Form des Übens entsteht vollkommen zwanglos. Wenn man früher immer versucht hat, einen Nagel mit dem Daumen in die Wand zu drücken und dann gezeigt bekommen hat, was man mit einem Hammer machen kann, wird man ab da immer einen Hammer benutzen, wenn man einen Nagel in die Wand schlagen will.

Genauso wird man die Invokation, wenn man einmal ihre Magie-stärkende Wirkung erlebt hat, immer dann benutzen, wenn man in der Magie etwas erreichen will – ganz einfach deshalb, weil die eigene Magie auf diese Weise effektiver wird.

Nach und nach werden Invokationen dann zu etwas völlig Normalem und geradezu Alltäglichem werden – man gewöhnt sich an diesen Zustand der Identität mit einer Gottheit. Die Invokationen werden immer schlichter, einfacher und schneller, bis man schließlich nur noch innerlich das Bild der Gottheit in sich wachzurufen braucht. Dieses Wachrufen des Gottheiten-Bildes kann sehr schnell gehen und nur drei, vier Sekunden benötigen.

Ob man eine solche Sekunden-Invokation effektiv durchgeführt hat, kann man von einem anderen Menschen, der sich bei einem befindet, überprüfen lassen: Wenn die Sekunden-Invokation gelungen ist, verändert sich die eigene Ausstrahlung sehr deutlich. Das ist natürlich bei den etwas wilderen Gottheiten wie Pan, Thor oder Hekate deutlicher einfacher zu merken als bei den eher milden Gottheiten wie Isis, Apollon oder Vishnu.

Es gibt noch eine weitere Möglichkeit, die Effektivität einer Invokation zu überprüfen, die von dem zypriotischen Heiler Daskalos stammt: Man imaginiert die Gottheit, ruft sie danach in diese Imagination hinein und läßt dann diese Imagination wieder los. Wenn das Bild der Gottheit dann trotzdem bestehen bleibt und evtl. sogar anfängt, etwas zu sagen oder zu tun, ist die Gottheit tatsächlich präsent.

Einen ähnlichen Zustand erreicht man, wenn man eine Traumreise zu einer Gottheit unternimmt und dann feststellt, daß die Gottheit Dinge sagt und tut, die einen vollkommen überraschen.

Beide Methoden benutzen die offensichtliche Eigendynamik der Gottheit als Nachweis ihrer Anwesenheit.

Insbesondere bei der Anrufung der eigenen Schutzgottheit ist es recht wahrscheinlich, daß nach und nach eine Liebe zu dieser Gottheit entsteht. Diese Liebe ist nichts Romantisches oder Schwülstiges, sondern eher sachlich, tief und berührend – so wie die emotionale Erkenntnis einer Zusammengehörigkeit, einer Wesensverwandtschaft zwischen sich selber und der Gottheit.

Wenn bei den Invokationen Gefühle entstehen, werden die Invokationen wesentlich effektiver. Gedanken erfassen Strukturen, aber Gefühle setzen Kräfte in Bewegung. Daher ist die Liebe zu einer Gottheit die effektivste Form, diese Gottheit zu invozieren.

Wenn man eine Gottheit des öfteren invoziert (oder einmal sehr intensiv invoziert hat), werden mit einiger Wahrscheinlichkeit die Ereignisse aus den Mythen dieser Gottheit auch in dem eigenen Leben auftreten: Man erlebt die Mythen der Gottheit – live und mit sich selber als Hauptperson.

Schließlich gibt es noch einen kleinen Punkt, der sich auf das Vorgehen der Gottheiten bei der Erfüllung von an sie gerichteten Wünschen bezieht. Dieser Bereich der Invokationen ist meines Wissens bisher noch kaum erforscht worden.

Ein markantes Beispiel ist der Gott Pan. Wenn man ihn um ein erotisches Abenteuer bittet, scheint er stets dieselbe Methode anzuwenden: Er läßt einen anderen Menschen intensive erotische Bilder träumen, die sich auf den Menschen beziehen, der Pan invoziert hat. Diese Träume sind derart intensiv, daß der Träumer seine Träume unbedingt auch in der Realität erleben will und daher den Invozierenden zu verführen versucht.

Vermutlich haben auch die anderen Gottheiten ihre speziellen Methoden, eine Wunscherfüllung umzusetzen.

VI 9. Die Kundalini

Es gibt noch einen Zusammenhang, der nicht gleich auffällt. Wenn man eine Gottheit invoziert, kommt man in Kontakt mit dem Bereich, in dem es zwar Qualitäten, aber keine Abgrenzungen gibt. Auch die erwachte Kundalini hat eine Qualität, aber wird durch nichts mehr begrenzt. Daher kann es sein, daß sich Invokationen und Kundlini-Meditationen gegenseitig beeinflussen oder anregen. Das wird jedoch nur selten offensichtlich.

Beide Vorgänge (Invokation und Kundalini) werden auf dem kabbalistischen Lebensbaum durch die „Schlange der Weisheit" dargestellt.

VII Das Gottheiten-Bewußtsein

Über das Erlebnis einer erfolgreichen Invokation läßt sich nur wenig sagen, was für alle Invozierenden gleich ist, da es bei einer Invokation drei Einflüsse gibt, die sich überlagern:

- das Horoskop und somit der Charakter des Invozierenden,

- der Kontakt des Invozierenden mit dem abgrenzungslosen Bereich der Gottheiten (auf dem kabbalistischen Lebensbaum ist dies Da'ath),

- der Charakter der invozierten Gottheit.

Von diesen drei Punkten ist der zweite Punkt der einzige Punkt, über den sich etwas Allgemeingültiges sagen läßt.

Das Horoskop des Invozierenden prägt das Erleben der Invokation – ein Stier, der das harmonische, genußreiche Arrangement sucht, erlebt dies einfach anders als ein Skorpion, der nach der intensiven Spannung strebt.

Ein schalkhafter Gott der Wildnis und des Eros wie Pan wird natürlicherweise auch ganz anders erlebt als ein ehrwürdiger Gott der Harmonie und des steten Rhythmus wie der Sonnengott Apollon.

Über den zweiten Punkt, also über den abgrenzungslosen Bereich der Gottheiten, lassen sich drei Dinge sagen:

- Die Wahrnehmungsmöglichkeiten werden abgrenzungslos, d.h. man kann während der Identifikation mit der Gottheit per Telepathie alle Informationen erlangen, die man erlangen will.

- Die Handlungsmöglichkeiten sind ebenfalls unbegrenzt – sie hängen lediglich von der Intensität der Identifkation mit der Gottheit ab. Diese Handlungsmöglichkeiten umfassen auch solche Dinge wie Spontanheilungen, Materialisierungen und De-Materialisierungen – also „außergewöhnliche Magie".

- Das Selbst-Erleben ändert sich ebenfalls während der Dauer der Identifikation mit der Gottheit: Man wird auch selber abgrenzungslos. Man definiert sich nicht mehr durch seine Grenzen, sondern durch seine Qualität. Dies ist ein ausgesprochen angenehmer Zustand, den man meistens nicht mehr verlassen will.

Dieser abgrenzungslose Zustand ist letztlich das, was einen immer wieder zu Invokationen hinziehen wird – einfach weil es sich so gut anfühlt.

Diese Abgrenzungslosigkeit wird u.a. von Buddha beschrieben, der sagt, daß ein Erleuchteter vier grenzenlose Qualitäten hat:

- grenzenlosen Gleichmut (Gelassenheit – er sieht alles, wie es ist, und akzeptiert, das es jetzt so ist),

- grenzenlose Barmherzigkeit (er hilf allen, weil er jegliche Not wie seine eigene Not erlebt),

- grenzenlose Liebe (weil er keine Grenzen mehr zu anderen Wesen hat, liebt er alle Wesen wie sich selber), und

- grenzenlose Freude (durch die Abgrenzungslosigkeit schwingt er mit allem gemeinsam – dieses Zusammen-Schwingen ist das Wesen der Freude).

In den meisten Religionen und Mythen erscheint dieser Zustand als der „Ort hinter dem Abgrund", als der „Ort, an dem Gott wohnt" u.ä.

VIII   Die Geschichte der Invokation

Manchmal macht die Geschichte einer Methode die Methode selber etwas klarer. Daher folgt hier eine kurze Darstellung der Entwicklung der Invokation.

VIII 1.   Altsteinzeit

Die frühesten Hinweise auf eine Invokation stammen aus der späten Altsteinzeit vor ca. 40.000 Jahren: die aus Mammut-Elfenbein geschnitzte Figur eines Mannes mit einem Pantherkopf (der meist für den Kopf einer Löwin gehalten wird). Offensichtlich haben sich die damaligen Jäger gewünscht, so schnell und effektiv jagen zu können wie ein Panther.

Dieses Motiv hat sich bis in die frühe Jungsteinzeit vor 12.000 Jahren gehalten, wo es in den Tempeln von Göbekli Tepe (Nord-Mesopotamien) u.a. als ein steinerner Panthermann-Totempfahl zu finden ist.

In der mittleren Jungsteinzeit vor 7000 Jahren erscheinen auf den Wandgemälden von Çatal Höyük (Türkei) Schamanen als Tänzer, die mit Pantherfellen bekleidet sind.

In der Epoche des Königtums, die in Ägypten um 3250 v.Chr. beginnt, tragen die Schamanen-Priester entweder Pantherfelle oder Löwenfelle – der Löwe hat den Panther abgelöst, als der Urwald und die Savanne zur Steppe und zur Wüste geworden sind.

Man kann den Pantherkopf und das Pantherfell natürlich auch einfach als ein „Bild-Adjektiv" auffassen, das den betreffenden Jäger oder Schamanen als „stark" charakterisieren soll. Die bildhafte Vorstellung, wie ein Panther zu sein, kommt einer Invokation jedoch so nahe, daß es kaum einen Sinn gibt, hier noch zu differenzieren.

In der späten Altsteinzeit gibt es auch Darstellungen von Männern mit Stierköpfen oder mit einem Hirschgeweih. Da die Herdentiere weltweit die Symbole von Fruchtbarkeit und Zeugungskraft sind (schließlich haben sie so viele Junge, daß sie Herden bilden), werden die Stiermänner und die Hirschmänner die Zeugungskraft der Herdentiere invoziert haben.

VIII 2. Jungsteinzeit

Aus der Altsteinzeit sind nur drei Tier-Invokationen bekannt: Panther, Stier, Hirsch. Diese Tradition hat auch in der Jungsteinzeit weiterbestanden.

Nachdem um 8500 v.Chr. der Ackerbau und die Viehzucht entwickelt worden waren, entstand recht bald der Korngott. Er beruht auf dem Korn/Mensch-Gleichnis:

Aussaat	= Zeugung
Wachstum	= Leben
Ernte	= Tod
Lagerung	= Jenseits
Aussaat	= (Wieder-)Geburt

Zu diesem Gleichnis wurden noch die Tages- und Jahreszeiten sowie die Himmelsrichtungen (Sonnenstand am Tag) hinzugefügt:

Aussaat	= Zeugung	= Morgen	= Frühling	= Osten
Wachstum	= Leben	= Mittag	= Sommer	= Süden
Ernte	= Tod	= Abend	= Herbst	= Westen
Lagerung	= Jenseits	= Nacht	= Winter	= Norden
Aussaat	= (Wieder-)Geburt	= Morgen	= Frühling	= Osten

Aus diesem komplexen Gleichnis ergab sich, daß der Korngott auch der Totengott gewesen ist. Dieses Motiv findet sich bei allen Ackerbauern von den Ägyptern bis zu den Azteken.

In Ägypten war dieser Korn- und Totengott Osiris. Er wurde als Mumie dargestellt und hielt in seiner rechten Hand einen Dreschflegel (Ackerbau: Getreide) und in seiner linken Hand einen Hirtenstab (Viehzucht). Jeder Ägypter wollte nach seinem Tod nicht nur „wie Osiris" werden, sondern mit Osiris identisch werden – daher nannte sich z.B. ein Ägypter mit dem Namen „Antef" im Jenseits dann „Osiris Antef". Dies kommt einer Invokation des Osiris auf der Jenseitsreise gleich.

Es gab in der Jungsteinzeit auch die weitverbreitete Verwendung von Tiermasken, die sich dann u.a. auch noch in der Epoche des Königtums in Ägypten wiederfindet, wo z.B. der Bestattungspriester stets eine Maske des Schakalgottes Anubis trägt. Das Tragen einer Maske ist ein recht sicheres Zeichen für eine Invokation.

VIII 3. Königtum

In der Epoche des Königtums bestand zunächst einmal noch die Mythologie der Jungsteinzeit weiter bis dann um 1350 v.Chr. von dem Pharao Echnaton das erste mal der Monotheismus formuliert worden ist.

Der Pharao als der Vertreter des Sonnengottes auf Erden war auch der Sohn des Sonnengottes, also die Verkörperung des Sonnengottes – der Pharao brauchte den Sonnengott nicht zu invozieren, da er sich durch die Krönung bereits in ihm befand. Die Krönung ist zu der damaligen Zeit eine Form der Invokation gewesen.

Um 600 v.Chr. wurde von China bis an den Atlantik gelehrt, daß ein jeder die Verantwortung für sein eigenes Leben trägt. Um zu dieser Erkenntnis zu gelangen und sie auch im Alltag umsetzen zu können, gab es zwei Methoden: Zum einen wurde die Jenseitsreise der Schamanen zur Meditation ausgebaut und zum anderen wurden die Rituale der Schamanen, durch die sie eine Astralreise erlebten und somit ihre Seele erkannten, zu den Mysterien umgewandelt.

Diese neue Weltsicht entstand um 600 v.Chr. an vielen Orten gleichzeitig:

> - in China durch Lao-tse, Dschuang-tse und Kungfu-tse,
> - in Indien durch Patanjali, Buddha und Jaina,
> - in Persien durch Zarathustra und die Mithras-Mysterien,
> - in Ägypten durch die Mysterien der Isis und die des Osiris,
> - in Griechenland durch Pythagoras und die Mysterien von Eleusis,
> - in Thrakien durch Orpheus, Dionysos und die Mysterien von Samothrake,
> - in Rom durch die Mysterien des Liber Pater und die des Sol invictus,
> - bei den Germanen durch die Einweihungsrituale des Tyr und des Odin,
> - bei den Kelten durch die Druiden-Einweihungen
>   usw.

Durch diese Meditationen und Mysterien erhielten damals viele Menschen einen Kontakt zu ihrer Seele und zu einer Gottheit. Das ist zwar noch keine richtige Invokation, aber es kommt ihr schon recht nahe.

Ab ca. 800 n.Chr. verbreitete sich bei den Christen, im Islam und im Judentum sowie im Hinduismus der Gedanke, daß die Seele des Menschen ein Funke von Gottes Feuer sein müsse – u.a. weil sie sonst nicht ewig sein könnte.

Dieser Gedanke führte dazu, daß man danach strebte, sich seiner Seele bewußt zu werden und dadurch auch eines Teiles von Gott. Weiterhin strebte man in einem zweiten Schritt danach, diesen Seelen-Funken wieder in Gottes Feuer einzugliedern.

Dieser zweiteilige Weg zu Gott findet sich bei den christlichen Mystikern, bei den Sufis im Islam, bei den Kabbalisten im Judentum, bei den Yogis im Hinduismus und in einer leichten Abwandlung auch bei den Mahasiddhis im Buddhismus.

Der erste Schritt dieses Weges besteht in dem Ergreifen der Verantwortung für das eigene Leben sowie dem Meditieren und evtl. der Teilnahme an Mysterien-Einweihungen. Der zweite Schritt dieses Weges bestand vor allem aus der Liebe zu dem Einen Gott, durch die der eigene Seelen-Funke wieder zu einem Teil von Gottes Feuer wird.

Aus diesem Streben und dieser Liebe zu Gott ergab sich die permanente Invokation Gottes, die völlige Hingabe an ihn – sei dies nun Gott Vater, Christus, Allah, Jahve, Krishna, Shiva, Vishnu, Buddha oder noch eine andere Gottheit oder das buddhistische Nirvana.

Die „Magie-technische" Wurzeln dieser Invokationen waren die altsteinzeitlichen Jagdzauber, die jungsteinzeitliche Identifizierung mit dem Korngott, das Zurückholen der Totengeister aus dem Jenseits in ihre Statue im Diesseits durch die Schamanen, sowie das Hereinrufen einer Gottheit in ihre Statue.

Die Mystiker um 800 n.Chr. konnten also auf eine reiche „Magie-technische" Tradition zurückgreifen – wobei sie vermutlich jeweils nur einen kleinen Teil dieser umfassenden Invokations-Tradition gekannt haben werden.

VIII 4. Materialismus

Im Materialismus (1500-1900 n.Chr.), der jegliche Religion und Magie abgelehnt hat, gab es keine Invokationen als bewußte Bewußtseins-Technik mehr. Die Invokationen beschränkten sich in dieser Zeit auf das Nachahmen von Vorbildern.

Neben dem Materialismus hat natürlich die Religion weiterbestanden und zumindestens eine Erinnerung an solche Möglichkeiten wie der Invokationen bewahrt – wenn auch eher in der Mystik als in der Hauptströmung der Religion.

VIII 5. Globalisierung

In der heutigen Epoche der Globalisierung, in der alles bisher Bekannte zu einer neuen Einheit zusammengefügt wird, wird auch die Invokation mit all ihren verschiedenen Wurzeln neu entdeckt und erforscht – so wie in dem vorliegenden kleinen Büchlein.

In dieser Epoche werden sowohl die magisch-religiösen Aspekte als auch die psychologischen Aspekte betrachtet und integriert. Doch da stehen wir derzeit jedoch noch ganz am Anfang, da diese Epoche erst vor ungefähr 100 Jahren begonnen hat …

Bücher von Harry Eilenstein

„Magie für Anfänger"

- Telepathie für Anfänger (60 S.)
- Telepathie für Fortgeschrittene (52 S.)
- Telekinese für Anfänger (52 S.)
- Lebenskraft für Anfänger (60 S.)
- Meditation für Anfänger (56 S.)
- Hypnose für Anfänger (56 S.)
- Auto-Movement für Anfänger (56 S.)
- Chakra-Magie für Anfänger (148 S.)
- Astralreisen für Anfänger (56 S.)
- Ritual-Magie für Anfänger (56 S.)
- Mandalas für Anfänger (68 S.)
- Geldzauber für Anfänger (56 S.)
- Liebeszauber für Anfänger (52 S.)
- Evokationen für Anfänger (60 S.)
- Elfen für Anfänger (56 S.)
- Magie-Forschung für Anfänger (140 S.)
- Selbsterkenntnis für Anfänger (52 S.)
- Zahlensymbolik für Anfänger (60 S.)
- Die Sprache des Mondes – für Anfänger (116 S.)
- Zaubergesänge für Anfänger (100 S.)
- Zukunftschau für Anfänger (60 S.)
- Schamanismus für Anfänger (52 S.)
- Magische Gegenstände für Anfänger (68 S.)
- Astralreisen für Anfänger (56 S.)
- Da'ath-Magie für Anfänger (64 S.)
- Magie für Anfänger – Sammelband I (696 S.)
- Magie für Anfänger – Sammelband II (664 S.)

Magie

- Handbuch für Zauberlehrlinge (408 S.)
- Tarot (104 S.)
- Physik und Magie (184 S.)
- Die Magie-Formel (156 S.)
- Krafttiere – Tiergöttinnen – Tiertänze (112 S.)
- Schwitzhütten (524 S.)

Meditation

- Der Lebenskraftkörper (230 S.)
- Die Chakren (100 S.)
- Das Chakren-System mit den Nebenchakren (296 S.)
- Organe und Chakren (64 S.)
- Meditation (140 S.)
- Drachenfeuer (124 S.)
- Reinkarnation (156 S.)
- einsgerichtet (140 S.)

Astrologie

- Astrologie (496 S.)
- Photo-Astrologie (428 S.)
- Die astrologischen Aspekte (88 S.)
- Horoskop und Seele (120 S.)

Kabbala

- Kursus der praktischen Kabbala (150 S.)
- Eltern der Erde (450 S.)
- Blüten des Lebensbaumes:
    - Die Struktur des kabbalistischen Lebensbaumes (370 S.)
    - Der kabbalistische Lebensbaum als Forschungshilfsmittel (580 S.)
    - Der kabbalistische Lebensbaum als spirituelle Landkarte (520 S.)

Bücher von Harry Eilenstein

Religion allgemein

- Die sieben Schritte des Lebens (428 S.)
- Muttergöttin und Schamanen (168 S.)
- Göbekli Tepe (472 S.)
- Die Göttin von Göbekli Tepe (144 S.)
- Totempfähle (440 S.)
- Christus (60 S.)
- Dakini (80 S.)
- Vajra (76 S.)

Ägypten

- Hathor und Re 1: Götter und Mythen im Alten Ägypten (432 S.)
- Hathor und Re 2: Die altägyptische Religion – Ursprünge, Kult und Magie (396 S.)
- Isis (508 S.)

Indogermanen

- Die Entwicklung der indogermanischen Religionen (700 S.)
- Wurzeln und Zweige der indogermanischen Religion (224 S.)

Germanen

- Die Götter der Germanen (87 Bände)
- Odin (300 S.)

Kelten

- Cernunnos (690 S.)
- Der Kessel von Gundestrup (220 S.)
- Der Chiemsee-Kessel (76)

Psychologie

- Über die Freude (100 S.)
- Das Geheimnis des inneren Friedens (252 S.)
- Das Beziehungsmandala (52 S.)
- Gefühle und ihre Verwandlungen (404 S.)
- einsgerichtet (140 S.)
- Liebe und Eigenständigkeit (216 S.)
- Von innerer Fülle zu äußerem Gedeihen (52 S.)

Heilung

- Die Symbolik der Krankheiten (76 S.)

Kunst

- Herz des Tanzes – Tanz des Herzens (160 S.)

Drama

- König Athelstan (104 S.)

Die Themen der 87 Bände der Reihe „Die Götter der Germanen"

1. Die Entwicklung der germanischen Religion	44. Die Symbolik der Wassertiere und sonstigen Tiere
2. Lexikon der germanischen Religion	
3. Der ursprüngliche Göttervater Tyr	45. Die Symbolik der Pflanzen
4. Tyr in der Unterwelt: der Schmied Wieland	46. Die Symbolik der Farben
5. Tyr in der Unterwelt: der Riesenkönig Teil 1	47. Die Symbolik der Zahlen
6. Tyr in der Unterwelt: der Riesenkönig Teil 2	48. Die Symbolik von Sonne, Mond und Sternen
7. Tyr in der Unterwelt: der Zwergenkönig	49.a Das Jenseits I – Das Hügelgrab
8. Der Himmelswächter Heimdall	49.b Das Jenseits II – Der Jenseitsweg
9. Der Sommergott Baldur	50. Seelenvogel, Utiseta und Einweihung
10. Der Meeresgott: Ägir, Hler und Njörd	51. Wiederzeugung und Wiedergeburt
11. Der Eibengott Ullr	52. Elemente der Kosmologie
12. Die Zwillingsgötter Alcis	53. Der Weltenbaum
13. Der neue Göttervater Odin Teil 1	54. Die Symbolik der Himmelsrichtungen und der Jahreszeiten
14. Der neue Göttervater Odin Teil 2	
15. Der Fruchtbarkeitsgott Freyr	55.a Mythologische Motive I
16. Der Chaos-Gott Loki	55.b Mythologische Motive II
17. Der Donnergott Thor	56. Der Tempel
18. Der Priestergott Hönir	57. Die Einrichtung des Tempels
19. Die Göttersöhne	58. Priesterin – Seherin – Zauberin – Hexe
20. Die unbekannteren Götter	59. Priester – Seher – Zauberer
21. Die Göttermutter Frigg	60. Rituelle Kleidung und Schmuck
22. Die Liebesgöttin: Freya und Menglöd	61. Skalden und Skaldinnen
23. Die Erdgöttinnen	62. Kriegerinnen und Ekstase-Krieger
24. Die Korngöttin Sif	63. Die Symbolik der Körperteile
25. Die Apfel-Göttin Idun	64.a Magie und Ritual I
26. Die Hügelgrab-Jenseitsgöttin Hel	64.b Magie und Ritual II
27. Die Meeres-Jenseitsgöttin Ran	64.c Magie und Ritual III
28. Die unbekannteren Jenseitsgöttinnen	65. Gestaltwandlungen
29. Die unbekannteren Göttinnen	66.a Magische Angriffs-Waffen
30. Die Nornen	66.b Magische Verteidigungs-Waffen
31. Die Walküren	67. Magische Werkzeuge und Gegenstände
32. Die Zwerge	68. Zaubersprüche
33. Der Urriese Ymir	69. Göttermet
34. Die Riesen	70. Zaubertränke
35. Die Riesinnen	71. Träume, Omen und Orakel
36. Mythologische Wesen	72. Runen
37. Mythologische Priester und Priesterinnen	73. Sozial-religiöse Rituale
38. Sigurd/Siegfried	74. Weisheiten und Sprichworte
39. Helden und Göttersöhne	75. Kenningar
40. Die Symbolik der Vögel und Insekten	76. Rätsel
41. Die Symbolik der Schlangen, Drachen und Ungeheuer	77. Die vollständige Edda des Snorri Sturluson
	78. Frühe Skaldenlieder
42.a Die Symbolik der Herdentiere I	79.a Mythologische Sagas I
42.b Die Symbolik der Herdentiere II	79.b Mythologische Sagas II
43. Die Symbolik der Raubtiere	80. Hymnen an die germanischen Götter